L O V E

(Pensées sur ce vaste sujet)

Patricia Lepetit :-)

ISBN

978-1-326-43113-6

Je t'aime
I love you,
Ich liebe dich,
Jeg elsker **deg,**
Te quiero,
我愛你,
Я люблю тебе,
ti amo...

Love You

L'amour est universel, amour toujours, amour tout court...

Amour : **trouver l'amour et le garder est le travail d'une vie.**

Amoureuse : **l'amoureuse voit dans les yeux de son amoureux le reflet de son âme.**

Amoureux : **l'amoureux voit dans les yeux de son amoureuse le reflet de son abnégation.**

Amant : **l'amant est là pour nourrir le couple de la maîtresse qui ne quittera pas son mari pour lui !**

Amante : **l'amante est là pour nourrir le couple de l'amant qui ne quittera jamais sa femme pour elle !**

4

Aimer : aimer un être comme il est facile au début, mais c'est après que ça se gâte ! Alors attention, les défauts que l'on aime au commencement s'ils sont vraiment insupportables dans la vie courante venant des autres devraient dissuader de construire quoi que ce soit avec une personne qui serait virée à cause d'eux au bout de quelques semaines, mois ou ans !

Abandonner (pour aimer) : il faut savoir abandonner un triste passé pour s'ouvrir à un avenir au fondement optimiste forgé par une expérience qui forme le caractère et renforce l'empathie .

Vision de l' amour par

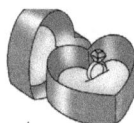

Une personne amoureuse :

L'amour c'est nous pour toujours, c'est nous et j'espère : nous et bientôt des petits nous !

Une personne optimiste :

L'amour c'est beau, c'est doux, c'est pour la vie et si ça ne marche pas, tant pis, on peut aimer plusieurs fois dans une vie !

Une personne psychopathe :

L'amour entre un homme et une femme n'existe pas, ce n'est qu'une illusion entretenue par l'un qui se croit aimé par l'autre qui n'est qu'égoïste profitant des faveurs qui lui sont accordées.

Une personne égoïste :

Amour toujours, tu m'aimes pour moi, je t'aime pour moi.

Une personne romantique :

Amour tendre, tout doux, nous, enlacés sur le sable blanc de la plage de la vie.

Une personne souvent larguée :

L'amour ça ne sert à rien, ça n'existe pas, non-merci je n'y retournerai pas ! Mais bon, il suffit de rencontrer la bonne personne !

Une personne largueuse :

L'amour c'est jeter l'autre avant qu'il ne me jette.

Une personne divorcée :

L'amour c'est avoir dit je t'aime à un connard ou une poufe qui ne sait pas qu'il/elle a perdu l'amour de sa vie !

Une personne veuve :

L'amour c'est dire je t'aime à l'autre au commencement, en cours de route et après quand il n'est plus là !

Une personne déprimée :

L'amour ça ne vaut pas un pot de glace au chocolat assaisonné de mes larmes que je m'enfile devant ma télé ! Au moins je kiffe un parfum que j'aime par-dessus tout !

Une personne enjouée :

L'amour c'est rire ensemble de nos histoires qui ne font rire que nous.

Une personne bi :

L'amour c'est hummmmm, rien de plus !

Une personne homosexuelle :

L'amour n'est en rien différent de celui des hétéros

Un senior riche :

L'amour ça dépend des exigences du moment de ma pompe à billets de 30 ans de moins que moi !

Une senior riche :

L'amour ça dépend de la fougue de l'étalon que je me suis offert avec mes € pour la soirée !

Une personne pieuse :

L'amour est pureté de l'âme qui fusionne dans deux corps ouverts à toutes propositions de sexe-positions nouvelles et variées à découvrir.

Une personne hâtée :

L'amour c'est croire que je peux être aimé toute une

vie par la même personne, n'importe quoi, l'amour c'est abstrait, fruit de l'imagination des humains, comme Dieu.

Une personne socialement modeste :

L'amour c'est te découvrir chaque jour et faire face avec toi aux épreuves qui renforcent nos sentiments ou les détruisent.

Une personne jalouse :

L'amour c'est savoir espionner l'autre discrètement, qui, c'est sûr, me trompe, pour mettre les preuves de son adultère devant sa face !

Une personne adultère :

L'amour c'est pouvoir folâtrer de cul en cul, bien entendu, pas question que ma moitié fasse de même, ça voudrait dire qu'elle ne m'aime pas !

Une personne célibattante :

L'amour c'est aimer sans s'attacher à chaque cul qui se présente au fil des jours avec la même fougue et sincérité pour chacun.

Une femme cocue qui le sait :

L'amour c'est pas toujours rose et quand on est bien matériellement on peut avaler quelques couleuvres.

Un homme cocu qui le sait :

L'amour ça va, ça vient, ça lui passera.

Une personne libertine :

L'amour se savoure, se partage, tant de gourmandises à lécher, sucer, pénétrer, sans concessions.

Une personne naïve :

L'amour c'est toi qui m'aimera jusqu'à la fin de nos jours, sans jamais me tromper.

Une personne lucide :

L'amour c'est toi qui m'aimera jusqu'à la fin de nos jours si tu comprends et acceptes que parfois j'aille butiner ailleurs.

Une personne généreuse :

L'amour c'est t'aimer comme tu es et ne rien attendre en retour.

Une personne pingre :

L'amour c'est t'aimer juste ce qu'il faut pour ne pas être poussé par une générosité qui me ferait lâcher mon blé pour te faire plaisir.

Une personne raciste :

L'amour c'est surtout ne pas se mélanger à une personne d'une autre couleur pour ne pas tâcher mes convictions.

Une personne tolérante :

L'amour c'est aimer l'autre dans sa différence pour élargir sa palette de couleurs des sentiments.

Love

Mon love pour toi jamais ne finira.
Ça porte peut-être malheur de te dire ça.
Mon love pour toi est au-delà
des superstitions, pas pour moi.
Quand tu me touches my love, je vibre là,
tu te donnes, je me donne, allez prends moi !
Regarde-les ceux qui n'osent pas,
ils sont si ternes, ils sont tous froids.

My love

Tu es mon prime, je te veux tout pour moi.
Je suis ton love, je me donne toute à toi.
Ils disent : t'es faibles de penser ça,
ceux qui n'ont jamais connu ça.

Fusion, passion ou simple toi et moi.
Conjuguer à deux c'est mieux, je crois ça.
Je préfère dire nous, pas je, na !
Je sais que toi tu penses comme moi.

Mon love.

C'est bon de danser ce sentiment là,
serrée dans tes bras, je tourne avec toi.
Mes cheveux au vent te frôlent, toi,
un va-et-vient loin, près de toi.
Promets-moi de garder le rythme, dis-moi
que cette belle love danse n'est rien que pour moi.
Rassure moi, pour moi rien que toi.
Hum, je virevolte dans tes bras.

My love.

Un jour nous conjuguerons le love à trois.
Je sais que tu attends ça, j'ai peur, moi.
Danser à trois, c'est beau, dis-toi,
que ça pimente la vie, je crois
qu'un petit ange d'amour ça nous fera
bouger nos fesses pour qu'on ne la laisse pas
la routine nous bouffer, toi, moi,
notre love histoire, jamais ça !

The love.

Valentine's Day

Ma Saint Valentin

Ah non ! Pas elle, la voilà encore la Saint valentin !
C'est dans trois jours, alors pourquoi nous casser les
pieds !
Je zappe toutes les chaînes, on nous gonfle déjà dès le
matin.
Rien qu'une fête commerciale, après tout, ça je le sais.
J'aimerais bien un geste commercialement love, un
petit rien.
Même si je crie que c'est nul, mais c'est bien d'être
aimée !

Et vlan, je me prends la Saint Valentin.
Dans mon petit cœur de célib. pas bien.

Tiens, un de mes ex me SMS tout un baratin,
un éclopé du cœur qui déprime, désespéré ?
Faut que je tienne bon, ne pas répondre à ce vrai

crétin !

Blacklister tous mes ex, ne pas être tentée, céder.

Tous les ans c'est pareil faut qu'on nous gave de love destins,
d'histoires de couples qui s'aiment depuis une éternité.

Et vlan, je me prends la Saint Valentin.
Et si je rencontrais le mien demain ?

C'est le jour J, je n'ai pas rencontré de Valentin.
Une bonne glace avalée devant un love DVD.
Eh oui, faut bien participer, mon tour sera demain.
Je rencontrerai mon futur ex ou mieux, le vrai.
Love, love, love, pour moi c'est le plus beau de tous les refrains.
Un Lui suffira, m'accompagnera pour le chanter.

Et vlan, on chantera la Saint Valentin.
Un cœur plus un cœur, un sacré refrain.

Notre Saint Valentin

**Oui ! Elle arrive, bientôt là, c'est notre Saint Valentin.
Encore trois jours à attendre, il nous faut patienter.
Tous ces love reportages à la télé, on aime trop bien !
Une fête commerciale ? Pas nous que ça va déranger.
Nous on aime le love geste commercial, à chacun le
sien.
Les célib. disent la Saint Val c'est nul, on prend notre
pied !**

**Eh toc ! Nous on fête la Saint Valentin.
Nos deux cœurs sont unis par le love lien.**

**Plus d'ex paumés ne nous SMS, ils savent qu'on est
bien.**

16

Eh oui, ils nous ont zappés les avant, les largués.
Plus de risque qu'ils nous rebranchent, on ne craint
vraiment plus rien.
Ça fait longtemps que notre blackliste d'ex est vidée.

Chaque année on se repaît des histoires des Valentin,
de décennies de love qu'on voudrait notre à jamais.

Eh toc ! Nous on fête la Saint Valentin.
On ne cherche plus notre moitié, c'est bien.

C'est le jour J pour redire je t'aime, la Saint Valentin.
Une glace léchée sur nos corps chauds, c'est tout avalé.
Après l'amour, corps endormis se réveilleront demain
pour la route encore longue du love parcourir, unifiés
par nos anneaux dorés du love, love, love, notre refrain
que nous chantons ensemble depuis toutes ces belles
années.

Eh toc ! Nous on chante ensemble le refrain
de nos cœurs unis aujourd'hui, demain...

Qui suis-je ?

Une cascade de bulles versée sans calcul,

nectar de fête qui me désinhibe.

Je ris, je vis, je te dis tout.
Je ris, je vis, je t'aime partout.

Mais qui suis-je ? Ce soir...

Sous mes caresses délices, tu capitules.
Je pénètre en toi, telle une amibe.
Et tu dis oui, oh oui à tout !
Et tu dis oui, oh oui dessous !

Mais qui suis-je ? Ce soir...

Le nectar d'or dégouline en granules,
sous ta langue goulue lascive je vibre.
Oh oui, encore, oh oui, partout.
Oh oui, encore, oh oui, mon tout.

Mais qui suis-je ? Ce soir...

Nos corps en extase ensemble basculent.
Deux harmonies de corps, ivresses libres.
Je ris, tu vis, on se dit tout.
Je vis, tu ris, on s'aime partout.

Je suis moi ce soir...

Avec ou sans nectar, d'amour je brûle.
Amour et sexe c'est mon équilibre.
Sexe sans amour : je ne me voue.
Amour toujours, oui, je l'avoue.

Un jour peut-être

Tant de printemps se sont écoulés depuis ma venue.
Tant de meurtrissures j'ai cicatrisé au fil des ans.
Pour mes trois anges je respire encore, pour ne pas
leur faire peine.
Je voudrais jeter l'ancre d'algies, enfin me mettre à nu
devant toi, existes-tu, toi qui serait mon aimant ?
Tels deux lianes emmêlées enlaçant le tronc d'un love
chêne.

Un jour peut-être,
je croiserai ton regard.
Un jour peut-être,
sur le quai de la love gare.

Moi qui griffe, qui douce, qui chaleur, qui froideur
j'insinue,
que l' abeille et papillon peuvent s'aimer
passionnément,
mêlant différences sans pour autant se bouffer
l'oxygène.
S'enlacer au gré du vent dans la brise chaude. Menu :
Entrée : toi. Plat : moi. Desserts : au choix : bof ou
passionnant.
T'es pas motivé ? Va-t'en, la love attitude je dégaine.

Un jour peut-être,
dans ce monde plein de barbares.
Un jour peut-être,
tu zapperas les connards.

Depuis longtemps parler de love je me suis abstenue.
Je ne vais pas m'attarder, c'était comme ça en passant !
Mais à force de voir dans l'actu ne s'exprimer que la
haine,
ma pensée dérive, jetant l'ancre au fond de l'inconnu
plongeant dans les abysses, se fixe sur un roc
accueillant,
carpe diem c'est ma devise, alors stop le délire, je
freine.

Un jour peut-être,
être seule, c'est pas une tare.
Un jour peut-être,
j'suis sur le quai d'la love gare.

21

Rupture

Ça y est c'est fait, je l'ai largué
il est derrière on n'en parle plus,
c'est la liberté retrouvée, car plus
d'hypocrisie, de mensonges, d'humiliations
c'est fini !
Ça y est c'est fait, j'ai retiré
l'épine de mon cœur, j'ai exclu
l'égoïste de ma vie. Dégage, salut !
Faut avancer, pas marcher à reculons
C'est ainsi.

Une rupture, c'est la liberté.
Une rupture c'est se renouveler.
Une rupture c'est se respecter.
Une rupture c'est ne plus supporter.

Si tu as peur de le larguer,
dis-toi que la vie est courte. Plus
tu attends, tu subis et tu n'es plus :
toi, tu n'es plus là tu t'effaces, attention !
L'infini

s'empare de toi, comme enterrée
ton âme peu à peu est reclus,
s'atrophie, disparaît et elle n'est plus
qu'évanescence, de ton love il a fait don
au mépris.

Une rupture, c'est enfin s'aimer,
Une rupture vers l'inconnu c'est souhait.
Une rupture c'est à tout jamais.
Une rupture ça te fait avancer.

Souvent la peur de s'en aller
te fait laisser passer l'élu.
Alors tu regrettes de l'avoir connu,
de l'avoir laissé partir ! D'avoir dit non
t'assombrit
et passe ta vie, gerbes ta lâcheté.
De cette pâle vie tu n'en peux plus,
tu regardes l'autre, transparente à sa vue !
Tu t'es trompée, dois choisir, rester ou non !
Alors dis...

Une rupture tu vas assumer ?
Une rupture, oui, non, ou lâcheté ?
Une rupture, tu vas le larguer ?
Une rupture, nouvelle vie transformée ?

Captive et libre

Libre, je suis libre.
L'âme désenchaînée.
Libre, je suis libre
je suis délivrée.
Libre, je suis libre
libre de m'envoler.

Décider quoi ?
Tu captes je crois.
Décider quoi ?
Pas d'arrière pas.

Captive jamais.
Ah non, jamais plus.
Captive blessée.
Attrape ce refus.
Captive brimée

De craques suis repue.

Décider quoi ?
Tu n'devines pas ?
Décider quoi ?
D'autres émois.

Libre de te dire.
Sans l'once d'une ire.

Libre de partir.
Sans briser de vase.
Libre je m'embrase
de nouveaux orgasmes.

Décidée moi ?
Tu sais pourquoi.
Décidée moi ?
Vidée de toi.

Captive, j'étais.
Libre à tout jamais.
Captif tu l'es.
Libre de fantasmer.
Captif viré !
Libre sans un regret.

Décider quoi ?
Plus jamais toi.

Décidée, quoi ?
Je vibre sans toi.

Plus jamais.

Personne ne le sait, personne ne le voit
tout doucement sa conviction se fait foi.
L'approcher ? Elle ne le permettra pas.
Plus de sournoiseries, que ça s'arrête là !
Le deuil d'aimer est fait pour une bonne fois.
Soulagée et libre de bannir l'émoi.

L'amour est déraison,
l'amour est illusion.
L'amour est affliction,
il est aliénation,
il est abnégation.

Plus jamais elle n'entendra des : je t'aime
juste un copier-coller à plusieurs elles
qu'il envoie à toutes celles, à la énième
sans crainte de couper de l'amour les ailes.
Tout n'est pour lui qu'amusements et quand même,
il sait qu'elle ne joue pas, tant pis pour elle.

L'amour est déraison,
l'amour est illusion.
L'amour est affliction,
il est aliénation,
il est abnégation.

26

A force d'entendre les mêmes mots mensongers
prononcés avec une conviction née.
Le vide s'installe car aucun d'eux ne sait
renoncer à son égoïsme inné.
Alors libre de ne plus les côtoyer
elle sait que l'amour n'est qu'instants dupés.

L'amour est déraison,
l'amour est illusion.
L'amour est affliction,
il est aliénation,
il est abnégation.

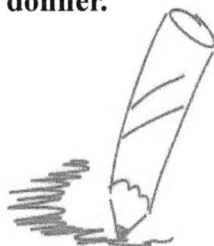

Elle a aimé et donné sans compter
n'exigeant aucun retour mais si fait,
le souffle de l'amour n'a même pas frôlé
sa peau douce, non rien que des heures passées
à croire et écouter ces cœurs séchés
qui ne sauront jamais d'amour donner.

L'amour est déraison,
l'amour est illusion.
L'amour est affliction,
il est aliénation,
il est abnégation.

Un homme, une femme

Depuis un certain temps, la question se pose :
Qu'est-ce qui provoque chez elles cette
métamorphose ?
Mais oui bien sur, on a remarqué, c'est vrai,
le divorce les épanouit c'est un fait !

Affranchies du gros soucis,
larguant le mâle elles renaissent.
Mais si, mais si, c'est ainsi !
Prenant du temps pour leurs fesses.

Une femme qui n'aime plus son homme il faut ça pour
qu'un jour prenant conscience qu'elle sans lui, bonjour
à d'autres bras donnant son corps sans détours.
Elle décide si c'est pour un jour ou toujours.

Plus sensuelle elle revit.   *Happy*
Elle est ouverte aux caresses.
Mais si, mais si, c'est ainsi !
La prude, elle, va à confesse.

Et puis les mâles dans tout ça, que deviennent-t-ils ?
Trop lâches pour partir quand l'amour est mort, ils
achètent la poupée des Balkans ou des îles
pour finir largués, car l'amour s'achète-t-il ?

Jamais contents, sans esprit,

ils se plaignent des femmes sans cesse.
Mais oui, mais oui, c'est ainsi !
Ils lésinent sur les caresses.

Un jour elle plus il et puis deux elles sans il.
D'autres amours et charmes torrides se profilent.
Elle découvre qu'elle préfère elle et il pour il.
Amour non sectaire, il se peut homophile.

Eh oui, la routine et la clairvoyance d'une femme... :

Une femme **vaut** 10 hommes.

20 H, je rentre fourbue, complètement vidée
Personne pour m'accueillir, m'embrasser, me cajoler,
non, juste le roi affalé sur son trône en cuir, captivé
par les banalités tant ressassées qui passent à la télé!
Pas même un : "ma chérie et ta journée...?"
Non rien, juste un renvoi de bière fermentée!

Mais heureusement que je sais :

Qu'une femme vaut 10 hommes
C'est comme ça je n'y peux rien.
Une femme vaut 10 hommes,
Elle a toujours le mot d'la fin.
Une femme vaut 10 hommes
ne le prends pas en tragédien.

Les jours passent, se ressemblent, le temps passe et
comme cendres,
comme une fleur qui se fane, au fil de toi je m'éloigne,
courbant la tige et le trépas de mes pétales ton inertie
engendre.
C'est la genèse de nouveaux jours, la démission de la
compagne,
Ton indolence m'a laminée, vivre sans toi je veux

prétendre.
Amour d'infortune, deux moins une, égal liberté je
regagne.

Car
Une femme vaut 10 hommes,
un peu d'humour ça fait du bien.
Une femme vaut 10 hommes,
J'exagère, mais ça n'fait rien

Une femme vaut 10 hommes,
Et après tout tu n'en sais rien!

Stop! S'en est assez, de chocolat j'arrête de me gaver.
On ne s'aime plus et m'éclipser hante mon âme
esseulée!
Stop, j'te laisse à toi, à ta bière, ta télé, ton canapé.
Je m'en vais, j'préfère être seule que mal
accompagnée.
Quand plus rien à se dire, à partager, mieux vaut se
quitter,
ne plus rester dans la routine de l'indifférence
consumée.

Une femme vaut 10 hommes,
c'est toujours elle qui fait le pas.
Une femme vaut 10 hommes,
c'est la bonne poire n'en doutons pas.
Une femme vaut 10 hommes,
dans tous les cas elle assumera.

Maintenant te voilà seul, te plaignant à qui t'entend.
Maintenant te voilà seul, te demandant qui voudra
bien
Maintenant que tu es seul de toi comme prétendant ?
Tu pleurs d'être seul, mais il ne faut tu le sais bien
ne t'en prendre qu'à toi seul, il est trop tard et
cependant,
si la leçon est retenue, tu redeviendras un type bien.

Car il paraît qu'il y a :

10 femmes pour un homme,
mais attention ça n'veut pas dire.
10 femmes pour un homme
que prêtes à s'contenter du pire!
10 femmes pour un homme,
fais gaffe à ne pas les faire fuir!

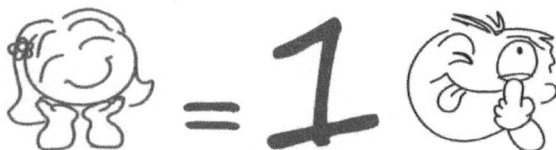

Et la énième mauvaise rencontre... :

Le salaud.

Je pleure des larmes de sang.
Je pleure quand mon cœur se fend,
quand l'autre de ses gestes me prend
ma confiance donnée sans plan,
sa fausseté la piétinant.

Regarde toi pauvre salaud
bien en face dans ton rétro.

Ils croient toujours qu'ils pourront
sur leur banquette de sales cons
m'allonger sans affection.
Jamais personne, attention !
Ne m'a baisée, ah ça non !

Regarde toi pauvre salaud
bien en face dans ton rétro.

Mais qu'est-ce que tu crois, eh, toi ?
Pour qui tu m'prends, ou pour quoi ?

Trouves-toi une pro pour faire ça
dans ta caisse la première fois
et surtout n'y reviens pas !

Regarde toi pauvre salaud
bien en face dans ton rétro.

C'est souvent ainsi, pourtant,
je leur dis que jamais sans
l'amour un beau jour naissant,
je ne puis me donner quand
leur seule envie n'est que vent.

Regarde toi pauvre salaud
bien en face dans ton rétro.

Toi qui ne sais l'affection,
pour toi je n'ai qu'aversion.
Retourne à tes variations,
non merci, c'est sans-façon,
je te dis à jamais non.

Regarde toi pauvre salaud
bien en face dans ton rétro.

Enfin dans mon doux chez-moi,
mes larmes glissent encore une fois
mouillant mes lèvres douces comme soie.
Ce mec n'était qu'un sournois.
Je fais un vœux pour qu'une fois :

Qu'ils se regardent tous ces salauds
bien en face dans leur rétro.

Vision de la rupture par

Une personne amoureuse :

C'est pas possible ! Plus de nous, plus de petits nous !
Quelle connerie !

Une personne optimiste :

Merde alors, si je m'attendais... Attends quand tu vas
vouloir revenir, c'est moi qui vais te larguer ! Allez,
hop, suivant !

Une personne psychopathe :

Ah tu m'as largué, tu vas voir comment tu vas finir ! Je
ne t'aimais pas, mais tu vas le sentir !

Une personne égoïste :

T'as osé me larguer, moi ! T'as pas intérêt de me remplacer !

Une personne romantique :

Moi sans toi c'est chagrin qui pique, moi pleurant dans la mer de la solitude.

Une personne souvent larguée :

Je le savais bien moi que l'amour ça ne sert à rien, ça n'existe pas, j'y suis retourné et vlan ! Je me demande si vraiment je vais un jour rencontrer la bonne personne !

Une personne largueuse :

Bon, j'ai encore jeté avant de l'être, ouf !

Une personne divorcée :

Cette fois c'est terminé le remariage, plus question d'y croire !

37

Une personne veuve :

Je savais bien que je n'aurais pas du te remplacer, je pense encore plus que l'amour c'est toujours te dire je t'aime, à toi qui es au -delà jusqu'à ce que je te rejoigne !

Une personne déprimée :

Retour à la case pot de glace au chocolat assaisonné de mes larmes que je m'enfile devant ma télé ! Au moins je kiffe toujours ce parfum que j'aime par-dessus tout avec un petit rajout de chantilly !

Une personne enjouée :

Voilà que je pleure seule sur la fin de notre histoire, ce qui ne ne me fait pas rire du tout.

Une personne bi :

Bon eh bien, $2 - 1 = 1$, donc ya pas mort d'homme !

Une personne homosexuelle :

Chagrin d'amour n'est en rien différent de celui des hétéros.

Un senior riche :

Il faut que je revois mes exigences sur l'âge de ma pompe à billets, allez, 25 ans de moins que moi ça devrait durer un peu plus longtemps !

Une senior riche :

L'étalon rémunéré n'est pas venu, je dois vieillir ou alors je dois en lâcher plus !

Une personne pieuse :

Oh mon Dieu, pardonne-moi d'avoir été trop ouverte...

Une personne hâtée :

Je l'ai toujours dit que je ne peux pas être aimé toute une vie par la même personne, n'importe quoi, l'amour c'est plus qu'abstrait, fruit de l'imagination des humains, comme Dieu, c'est vraiment stupide d'avoir pensé un instant que ce que je pense aurait pu être faux !

Une personne socialement modeste :

Notre amour n'a pas résisté aux épreuves qui l'ont

détruit à petit feu.

Une personne jalouse :

Je savais bien que j'étais une personne trompée, je lui ai bien balancé les preuves de son adultère dans sa face !

Une personne adultère :

Oser me tromper et me larguer, moi !

Une personne célibattante :

Oups, s'attacher à quelqu'un qui partageait ma conception d' aimer chaque cul qui se présente au fil des jours avec la même fougue et sincérité était une mauvaise idée !

Une femme cocue qui le sait :

A force d'avoir fermé les yeux sur tant de couleuvres avalées, me voilà étouffée avec une grosse envie de gerber.

Un homme cocu qui le sait :

Merde, ça ne lui est pas passé, me v'la bien maintenant avec ma lâcheté à deux balles !

Une personne libertine :

On a trop savouré, partagé, léché et sucé toutes ces gourmandises sans concessions, tu étais comme moi, mais pourquoi as-tu fusionné avec une seule gourmandise pour toujours ?

Une personne naïve :

Je croyais vraiment que tu m'aimerais jusqu'à la fin de nos jours, sans jamais me tromper.

Une personne lucide :

Bon, eh bien, tu n'as pas compris et accepté que j'aille butiner ailleurs.

Une personne généreuse :

Eh bien, je n'ai vraiment rien eu en retours !

Une personne pingre :

Bon, comme ça je n'ai plus à avoir peur de lâcher mon blé pour lui faire plaisir !

Une personne raciste :

Je me retrouve célib. avec mes convictions, la prochaine fois il faudra que je vise plus pure.

Une personne tolérante :

Le positif c'est d'avoir découvert une autre culture, mais ça fait quand même mal !

Réflexions par :

Une femme en couple

A sa meilleure amie :

Tu trouves normal, toi, qu'il SMS toujours à son ex ?

Tu crois qu'il aime toujours son ex. ?

Tu crois qu'il me trouve vraiment plus jolie que son ex. comme il me le répète tout le temps ?

T'as pas l'impression qu'il fait moins attention à moi ?

Il m'énerve à toujours comparer ma cuisine à celle de sa mère et de son ex. un de ces 4 ça va péter, c'est moi qui te l' dis !

Il est jaloux, c'est flatteur et ça me rassure, au moins ça prouve qu'il m'aime.

Il n'est même pas jaloux, tu crois qu'il m'aime vraiment ?

Il n'a même pas remarqué ma nouvelle coupe, ça sent la fin !

Il me gonfle à toujours me demander de me couper les cheveux, j'ai souvent l'impression qu'il veut que je ressemble à sa mère !

Quand je lui demande si je ne suis pas trop grosse il me dit que je suis très bien comme je suis, mais ça ne l'empêche pas de mater les poufes filiformes dans la rue !

Il est gonflant avec son foot à la télé, heureusement que je suis amoureuse !

Tu crois que je dois lui parler de mon envie d'avoir un bébé maintenant ?

A son chéri après quelques années :

Tu trouverais ça normal toi que je continue à envoyer ses SMS à mon ex. ?

Je suis certaine que tu aimes toujours ton ex. !

Je suis certaine que tu trouves ton ex. plus jolie que moi, c'est pour ça que tu me répètes tout le temps le contraire !

Tu fais moins attention à moi et ce n'est pas qu'une impression !

Tu m'énerves à toujours comparer ma cuisine à celle de ta mère et de ton ex. un de ces 4 ça va péter, c'est moi qui te l' dis !

Avant tu étais jaloux, je trouvais ça flatteur et ça me rassurait sur tes sentiments.

Tu n'es même plus jaloux, je crois que tu ne m'aimes plu !

Tu n'as même pas remarqué ma nouvelle coupe, ça sent la fin !

Tu me gonfles à toujours me demander de me couper les cheveux, j'ai souvent l'impression que tu veux que je ressemble à ta mère !

Quand je te demande si je ne suis pas trop grosse tu me dis que je suis très bien comme je suis, mais ça ne t'empêche pas de mater les poufes filiformes dans la rue !

Tu deviens vraiment trop gonflant avec ton foot à la télé, avant j'étais très amoureuse, maintenant c'est saoulant !

Avant j'avais envie d'avoir un bébé, mais maintenant...

Un homme en couple

A son meilleur ami :

Tu crois qu'elle a toujours des sentiments pour son ex. ?
Tu crois que son ex. était mieux monté que moi, parfois
j'ai l'impression qu'elle se marre discrètement quand elle
me voit à poil !
Je me demande pourquoi elle sort avec moi qui suis
l'opposé de son ex. ?
Elle me fait des crises de jalousie, au moins avec l'autre ce
n'était pas le cas.
Elle n'est même pas jalouse, tu crois qu'elle me kiffe
vraiment ?
Au moins moi je l'aide à la maison, l'autre n'en fichait pas
une !
Elle est un peu chiante avec ses séries glamour comme
elle dit, mais bon, faut bien faire des concessions et je ne
vais pas faire comme les autres, aller voir un autre
programme sur l'autre télé !
J'ai changé ma coupe, elle n'a pas kiffé du tout, hum, je
crois qu'elle aimait mieux celle de son ex. !
Je n'ai pas du tout envie d'avoir un bébé maintenant, vaut
mieux que j'évite le sujet !
Quand je lui demande si elle me trouve assez musclé, elle
me dit que oui, mais je la vois souvent baver devant son
calendrier des Dieux du stade, pas cool !

A sa chérie après quelques années :

Je suis certain que tu es toujours amoureuse de ton ex. !
J'ai l'impression que tu me fais comprendre que ton ex.
était mieux monté que moi, parfois on dirait que tu te
marres discrètement quand tu me vois à poil !
Je me suis toujours demandé pourquoi tu sortais avec moi
qui suis l'opposé de son ex. ?
Avant tu étais jalouse, au moins avec l'autre tu ne l'étais
pas.
Tu n'es plus jalouse, je crois que tu ne m'aimes plus.
Maintenant tu considères mon aide à la maison comme un
du, l'autre n'en fichait pas une et tu ne le lui a jamais
reproché !
Tu deviens trop chiante avec tes séries « glamour »
comme tu dis, stop aux concessions, je vais faire comme
les autres, aller voir ce qui me plaît dans la chambre !
J'ai encore changé ma coupe, tu n'a pas kiffé du tout, je
sais, je ne serrais jamais aussi bien looké que ton ex. !
Heureusement qu'on n'a pas fait de bébé, plus besoin
d'éviter le sujet !
Quand je te demandais si tu me trouvais assez musclé, tu
me disais que oui, si tu avais été sincère, c'est devant moi
que tu baverais et non devant ton calendrier des Dieux du
stade !

Ne pas laisser entrer l'amour
dans son coeur c'est décider
de le laisser s'assécher.

F i N

Bibliographie

Chez Thebookedition (livre papier)
et
Kindle sur *Amazon.fr* (à télécharger)

Nouvelles enfantines : pour enfants de 8 à 14 ans.

Nouvelles horrifiquement zarbies

Vampire légende la genèse : des ados courageux, l'amour, la mort, des sorcières, magiciens etc...

Maigrir avec goût : perdre du poids sans se priver et ne pas reprendre c'est possible !

Fatale vengeresse : rencontre entre deux tueurs en série, 1 homme et 1 femme...

Les hommes des messageries du net : témoignage, un point de vue féminin sur le sujet, anecdotes...

Vivre ou survivre, peut-on toujours choisir ? psychologie/témoignage/société

Les criminels, des prédateurs nés ? Essai.

Dieu n'existe pas et il nous le prouve ? : Essai

Des mots et des vies : poésie contemporaine .

Happy! ...?

www.ingramcontent.com/pod-product-compliance
Lightning Source LLC
Chambersburg PA
CBHW060625030426
42337CB00018B/3194